Construção de um

Castelo

David Macaulay

Construção de um

Castelo

Martins Fontes

Título original: CASTLE

1ª edição brasileira: agosto de 1988

Tradução: Belkiss Rabelo
Coordenação da tradução: Mario Laranjeira, Alain Mouzat
Revisão da tradução: Antônio Carlos Olivieri
Revisão tipográfica: Coordenação de Maurício Balthazar Leal

Produção gráfica: Geraldo Alves
Composição: Oswaldo Voivodic
Ademilde L. da Silva
Arte-final: Moacir K. Matsusaki

LIVRARIA MARTINS FONTES EDITORA LTDA.
Rua Conselheiro Ramalho, 330/340 — Tel.: 239-3677
01325 — São Paulo — SP — Brasil

Prefácio

O castelo de lorde Kevin é imaginário, mas sua concepção, as fases de sua construção, seu conjunto arquitetônico, inspiraram-se em muitos castelos construídos na época da conquista do País de Gales, entre 1277 e 1305. Sua edificação sintetiza mais de dois séculos de arquitetura militar na Europa e na Terra Santa.

A cidade de Aberwyvern é também imaginária. Sua concepção e seu conjunto arquitetônico inspiraram-se também em cidades cuja fundação se vinculava a esses castelos, durante o mesmo período de 28 anos. Nesse programa militar que combina cidade e castelo fortificado, manifestam-se claramente a superioridade estratégica e a inteligência indispensáveis ao êxito da conquista.

No dia 27 de março de 1283, o rei da Inglaterra Eduardo I nomeou Kevin senhor de Aberwyvern, rica região do Noroeste do País de Gales, ainda insubmissa. Certamente esse título recompensava um leal servidor, mas, ao outorgar esse domínio, o rei tinha também razões importantes. Eduardo queria estabelecer definitivamente sua autoridade sobre os galeses e empreendera um programa ambicioso e muito dispendioso de construção de castelos e cidades naquela província, em locais estratégicos. Sempre que possível, estimulava senhores leais como Kevin a assumirem, às próprias custas, empreendimentos desse tipo, inseridos no conjunto de seu plano.

O castelo e a cidade eram concebidos como instrumentos de conquista, mas cada um tinha uma função precisa. O castelo e a muralha que circundava a cidade eram essencialmente obras defensivas. Seu papel ofensivo resumia-se na sua posição à beira de estradas importantes para o abastecimento ou comunicação e, de certa forma, no seu aspecto ameaçador. Sua principal função era proteger a nova cidade, que, uma vez estabelecida e próspera, oferecia numerosas possibilidades econômicas e sociais antes desconhecidas, não só aos colonos ingleses, seus primeiros ocupantes, mas definitivamente aos próprios galeses. Eliminando pouco a pouco a necessidade e o desejo de confrontos militares, a cidade, diferentemente do castelo, deveria contribuir simultaneamente para a conquista e a pacificação.

Para proteger seu novo domínio, lorde Kevin tomou imediatamente as providências necessárias para construir, ao mesmo tempo, um castelo e uma cidade. Contratou Jacques de Babbington, engenheiro de grande talento, para traçar o projeto e dirigir as obras. O rei Eduardo sugeriu-lhe que escolhesse um local à beira-mar, próximo à embocadura de Wyvern (rio que constituía uma ligação de importância vital entre as montanhas do interior e o mar). Após examinar várias possibilidades, mestre Jacques e seus assistentes escolheram o local definitivo.

O castelo deveria ser construído sobre a elevação de um promontório calcário; aproveitaria assim a defesa natural constituída pelo rio e, ao mesmo tempo, graças à altura do promontório, teria garantida uma vista sem obstáculos sobre os campos circundantes. Mestre Jacques situou a cidade num nível inferior, por onde, da terra firme, tinha-se acesso ao terreno ocupado pelo castelo. Ela serviria de barreira e, com o rio, constituiria a primeira linha de defesa do castelo.

Além de seus assistentes, mestre Jacques levara consigo trabalhadores em terraplanagem, carpinteiros, ajudantes e vários carregamentos de madeiras e ferramentas.

Os carpinteiros começaram imediatamente a construção de alojamentos e oficinas para si mesmos e para os soldados que protegeriam o local. Construíram também uma casa, grande mas provisória, que alojaria mestre Jacques e sua equipe, assim como lorde Kevin e sua família, cuja chegada era aguardada para o mês seguinte.

Uma vez estabelecido o perímetro aproximado da cidade, os escavadores abriram uma grande vala ao redor de toda a zona; atrás dela, os carpinteiros ergueram uma sólida paliçada para proteger o local até a construção de uma muralha de pedra definitiva.

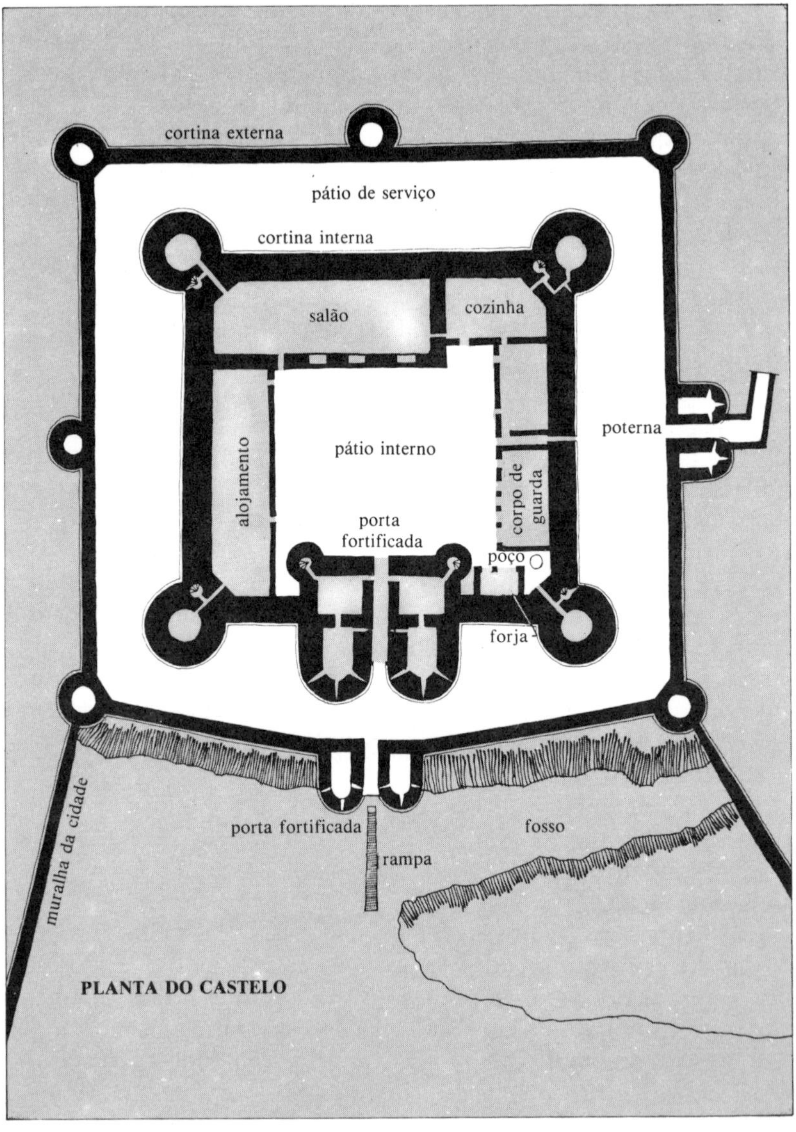
cortina externa
pátio de serviço
cortina interna
salão
cozinha
alojamento
pátio interno
poterna
corpo de guarda
porta fortificada
poço
forja
muralha da cidade
porta fortificada
fosso
rampa
PLANTA DO CASTELO

Assim que esses trabalhos prévios deslancharam, mestre Jacques e seus assistentes deram início à elaboração da planta do conjunto, começando pelo castelo. A principal preocupação era sua capacidade para resistir a um ataque direto e sustentar um cerco. Esta tática, cada vez mais difundida e freqüentemente eficaz, consistia em cercar o castelo e a cidade, isolá-los do exterior e esperar que aos defensores, esgotadas as reservas de alimento e água, só restassem duas possibilidades — igualmente desagradáveis —, morrer de fome ou render-se.

Em seu projeto de fortificação, mestre Jacques recorreu a várias soluções utilizadas em outros castelos onde havia trabalhado como assistente de arquiteto. A configuração do castelo consistia numa série de cinturões de muralhas concêntricas, sucessivamente menores e mais fortes.

O espaço central ou pátio do castelo era cercado por uma muralha alta, a cortina interna; fora dela encontrava-se o pátio de serviço, por sua vez cercado por uma muralha mais baixa, a cortina externa. As duas muralhas eram flanqueadas por torres circulares que permitiam aos soldados vigiarem todo o perímetro do edifício.

Em cada muralha, uma grande entrada era protegida por duas torres em forma de "U", uma de cada lado de uma passagem, também resguardada por uma combinação de pontes, portas e barreiras. O conjunto compunha uma porta fortificada. Uma outra, menor, num dos lados da cortina externa, protegia a poterna (essa pequena porta conduzia a um caminho fortificado que descia a encosta em direção ao rio).

O castelo deveria abrigar lorde Kevin, sua família e sua gente, quando permanecessem no País de Gales, e servir de residência permanente à família e à gente do intendente, tal como a toda uma guarnição.

As torres da cortina interna seriam ocupadas pelos aposentos do senhor e do intendente, por uma capela, por cômodos de serviço e por um calabouço. Os outros habitantes do castelo morariam e trabalhariam nas dependências do pátio interno.

Mestre Jacques, que pensava na possibilidade de um cerco, localizou o poço no pátio interno, em lugar seguro, reduzindo o perigo de que o inimigo viesse a envenenar a água do castelo, assim assegurando sua vitória. Situou também no castelo depósitos de alimentos, dos quais alguns seriam permanentemente reabastecidos.

A cortina externa, com cerca de 90 m de cada lado, teria 6 m de altura e 2,40 m de espessura; as paredes das torres teriam essa

mesma espessura, com 3 m a mais de altura para permitir que a muralha fosse amplamente vista de todos os lados. A cortina interna, com mais ou menos 60 m de cada lado, teria 10,5 m de altura e 3,60 m de espessura, com torres de 15 m de altura. Dessa cortina mais alta, os soldados poderiam atirar por cima da cortina externa, reforçando assim a sua guarda.

As torres e o alto das muralhas uniam-se por caminhos de ronda que, em caso de ataque, permitiriam aos soldados passar imediatamente de um ponto a outro da muralha. O caminho de ronda da cortina externa poderia ser alcançado por escadas localizadas atrás da muralha, e, o da cortina interna, por uma escada em espiral construída dentro de cada torre. No caminho de ronda, os soldados seriam protegidos por um parapeito estreito, construído no seu lado externo.

As duas cortinas e as torres eram estritamente verticais, salvo na parte inferior de sua face externa, onde as paredes erguiam-se obliquamente; essa inclinação na base da muralha, ou alambor, cumpria um duplo papel: além de reforçar a construção, formava uma superfície onde as pedras e outros projéteis lançados do alto das muralhas poderiam ricochetear contra o inimigo.

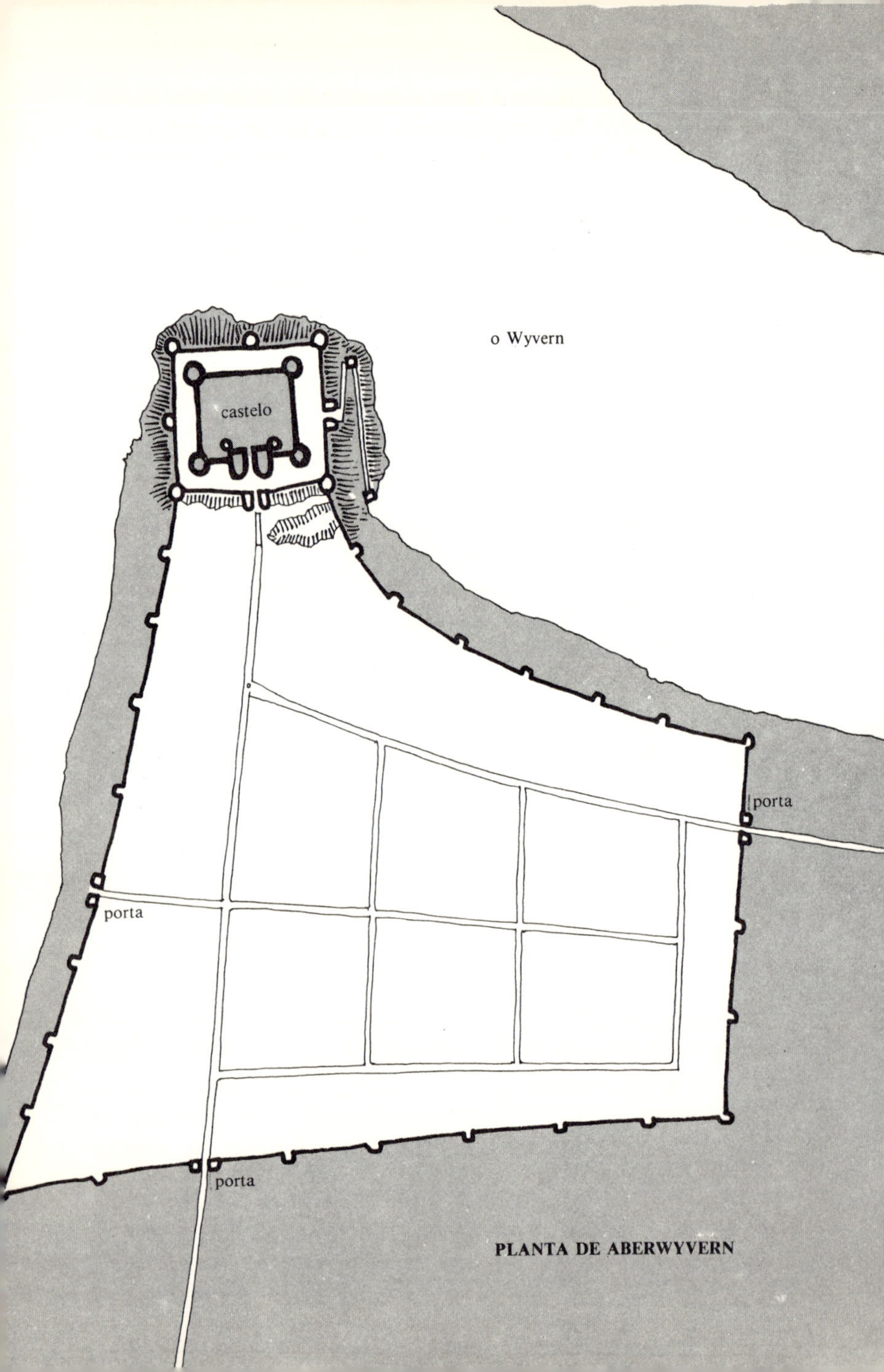
o Wyvern
castelo
porta
porta
porta
PLANTA DE ABERWYVERN

Em seguida, traçou-se a planta da cidade, aliás bem menos complicada. A área foi simplesmente dividida em grandes quadras por uma rede de ruas e essas quadras em parcelas. Em cada parcela ou fração de parcela, um colono construiria sua casa, cuidaria de seus animais e faria alguma plantação. No começo somente os ingleses receberiam autorização para viver na cidade, estimulados por promessas de impostos módicos.

A finalidade única da muralha era proteger a cidade, portanto seu desenho obedecia unicamente a exigências militares. Ela tinha 6 m de altura e cerca de 1,70 m de espessura, reforçada por torres em forma de "U" a cada 45 m. Previa-se um caminho de ronda rendilhado de ameias, exceto na proximidade da cortina externa (nesse ponto de junção, a muralha da cidade não permitiria acesso fácil ao castelo). Portas flanqueadas das duas torres fortificavam as três entradas da cidade.

Antes mesmo de ter concluído as plantas, mestre Jacques começou a contratar a mão-de-obra: dirigiu-se aos governadores de várias cidades da Inglaterra indicando-lhes o número e a qualificação dos operários requisitados. Ao atingir seu ritmo máximo, a empreitada poderia requerer mais de 3.000 trabalhadores: ca-

mestre Jacques

cavouqueiros

mestre pedreiro

carpinteiros

vouqueiros, pedreiros, argamassadores, carpinteiros, ferreiros, chumbeiros, escavadores e ajudantes. Cada equipe era dirigida por um ou vários contramestres que, por sua vez, responsabilizavam-se perante mestre Jacques.

ferreiro

argamassador e seu ajudante

escavadores

o cachorro de mestre Jacques

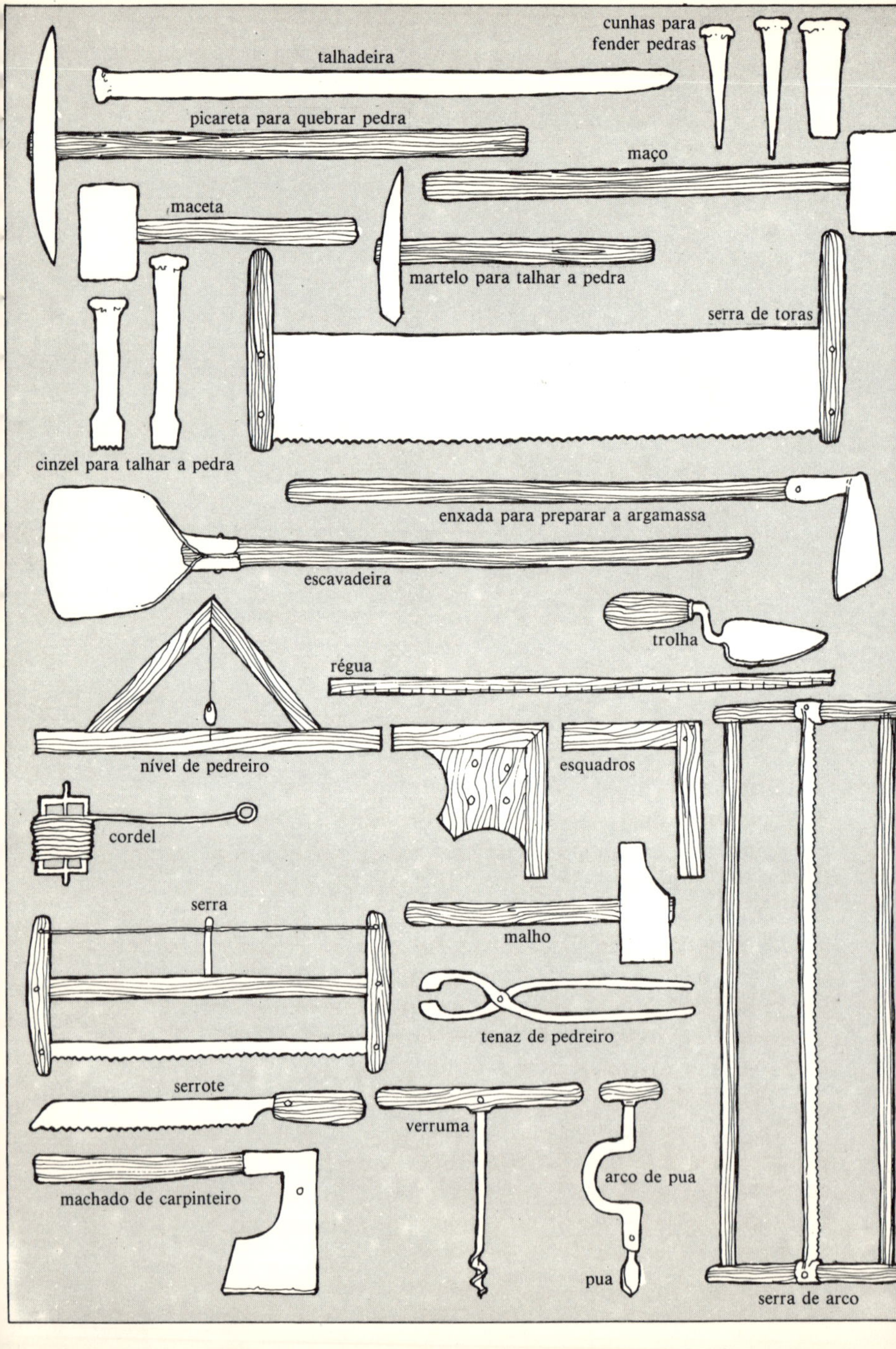
cunhas para
fender pedras
talhadeira
picareta para quebrar pedra
maço
maceta
martelo para talhar a pedra
serra de toras
cinzel para talhar a pedra
enxada para preparar a argamassa
escavadeira
trolha
régua
nível de pedreiro
esquadros
cordel
serra
malho
tenaz de pedreiro
serrote
verruma
arco de pua
machado de carpinteiro
pua
serra de arco

Enquanto organizava o trabalho dos operários, mestre Jacques encomendou uma grande quantidade de ferramentas: muitas delas, tanto para trabalhar a pedra como a madeira, eram de ferro e podiam ser consertadas por um ferreiro.

A planta foi aprovada pouco após a chegada de lorde Kevin e, a 8 de junho de 1283, mestre Jacques e os demarcadores deram início à construção dos alicerces das muralhas principais e das torres. Devido à sua localização sobre um promontório rochoso, o castelo não precisava de fundações especiais e os operários começaram por nivelar a grosso modo as zonas a serem construídas.

A muralha da cidade, ao contrário, não se apoiava totalmente sobre a rocha e algumas partes dela necessitavam de alicerces profundos para reduzir os riscos de deslizamento. Grande número de escavadores foi designado para fazer as valas dessas fundações ao longo do fosso da cidade, do lado interno.

Um outro grupo foi encarregado de perfurar o poço e de cavar uma trincheira, ou fosso, atravessando o promontório, do lado da terra firme, o que tornaria o castelo menos acessível pelo lado da cidade e, portanto, mais seguro.

Enquanto mestre Jacques fazia os acertos do projeto, lorde Kevin começava a arrecadar fundos para financiá-lo. Uma pequena parte do dinheiro seria proveniente das taxas e impostos pagos pelos camponeses da região, que se tornaram automaticamente arrendatários de lorde Kevin, quando este recebeu a senhoria de Aberwyvern. Para que não houvesse enganos na arrecadação, o bailio do senhor, Walter d'Ipswich, fora enviado ao campo, com soldados, para recensear as pessoas e seus bens. O restante do dinheiro resultaria da venda do gado e das colheitas das terras inglesas e galesas de Kevin, ou diretamente de sua fortuna pessoal.

Em meados de julho, chegaram os primeiros carregamentos de arenito proveniente de uma pedreira vizinha. Iniciou-se ao mesmo tempo a construção da cortina externa e das fundações da muralha da cidade. A argamassa utilizada para unir as pedras era uma mistura de cal, areia e água. Começou-se a construção do paramento interno e externo de cada muro; as pedras eram cuidadosamente ajustadas e ligadas à argamassa formando fiadas horizontais. Quando esses dois finos paramentos atingiam aproximadamente um metro, o intervalo era completamente preenchido com uma mistura de calhaus e argamassa. Enquanto erguiam-se as muralhas, os mestres pedreiros verificavam continuamente seu aprumo e horizontalidade. De vez em quando, intercalava-se uma fieira de ardósia para que se recomeçasse a construir sobre uma base bem horizontal.

A partir de certa altura foi necessário um andaime provisório de madeira para suportar o peso dos operários e dos materiais. Era feito de varas amarradas umas às outras e fixadas à muralha com pedaços de madeira introduzidos nas cavidades (agulheiros) deixadas propositalmente entre as pedras. Os agulheiros do paramento externo das muralhas e das torres alinhavam-se obliquamente, o que, com o auxílio de tábuas pregadas no andaime, permitia obterem-se rampas para puxar ou carregar o material pesado. O andaime possuía também roldanas para içar o material mais leve e as ferramentas.

Assim que uma parte da muralha do castelo ou da cidade tivesse atingido o nível do caminho de ronda, iniciava-se o seu acabamento superior, com alternância de partes altas (merlões) e de partes baixas (ameias). Cada um dos merlões possuía uma seteira, estreita fenda vertical por onde um soldado podia lançar suas flechas, mantendo-se protegido. As ameias permitiam jogar projéteis sobre o inimigo.

Cada merlão era encabeçado por três bicos ou agulhas de pedra. Bem abaixo de cada seteira havia um buraco quadrado, ou balestreiro. Em tempos de guerra, enfiavam-se vigas nesses orifícios para sustentar temporariamente um tablado de madeira (bailéu), de onde se podia arremessar com maior precisão projéteis e flechas na direção da base das muralhas.

Os trabalhos de construção foram suspensos em dezembro porque a geada poderia trincar a argamassa úmida. O topo das muralhas inacabadas foi protegido por uma camada de palha e esterco e muitos operários retornaram à Inglaterra para ali passar o resto do inverno. As poucas centenas de homens que permaneceram trabalhando nos galpões prepararam o material e as ferramentas para a retomada do trabalho na primavera.

No final do mês de março do ano seguinte, a maioria dos operários tinha regressado e o trabalho foi retomado exatamente na fase onde fora interrompido. Assim que uma extensão suficiente de fundação estivesse concluída, começava-se a levantar a muralha da cidade. Mestre Jacques concebera-a como uma série de seções independentes, mas que podiam comunicar-se: no nível do caminho de ronda, atrás de cada torre, havia uma passarela de madeira que era a única passagem entre duas seções. Se a muralha fosse invadida num determinado ponto, os defensores só precisariam retirar as passarelas de cada extremidade da seção da muralha em questão para forçar o inimigo quer a descer desprotegido a escada que ficava no lado interno da muralha, quer a retornar do mesmo modo que chegara.

Nas paredes do castelo havia geralmente dois tipos de abertura: janelas e seteiras; atrás de cada uma delas, um desvão era aberto na espessura do muro. No lado interior da seteira, o desvão tinha a forma chanfrada para permitir ao arqueiro mirar facilmente em todas as direções. Sendo as janelas a única fonte de luz natural, seus desvãos eram geralmente do tamanho de uma saleta, com bancos construídos em alvenaria junto às paredes de

cada lado da janela. Por razões de segurança, as janelas próximas à base das muralhas e das torres eram bastante estreitas, ao passo que aquelas que ficavam no alto eram bem amplas.

Todas as janelas eram protegidas por grades de ferro e podiam ser fechadas por escuros de madeira. Nos aposentos de moradia, recebiam também vidraças.

O trabalho prosseguiu ininterruptamente durante todo o verão e outono e, no fim dos trabalhos do ano de 1284, várias torres e seções contínuas da muralha da cidade atingiram a altura do caminho de ronda.

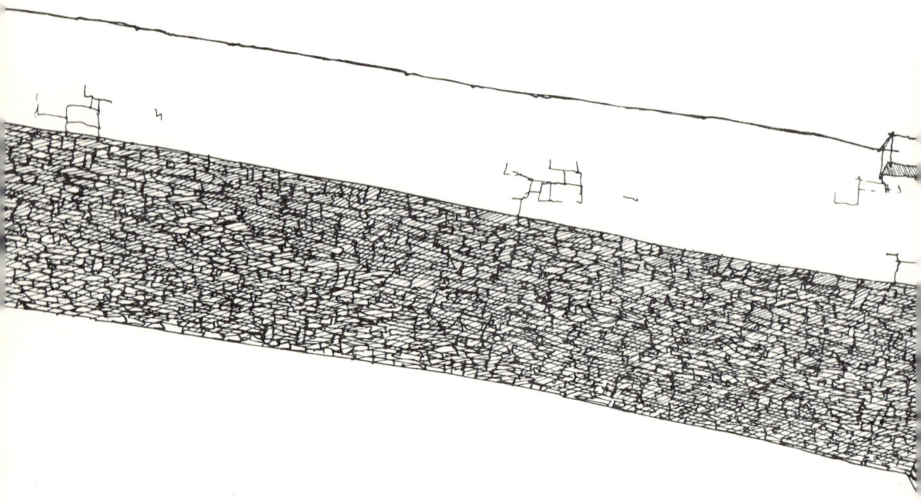

Em março do ano seguinte, uma centena de pedreiros adicionais juntou-se aos operários que retornavam para acelerar a construção da cortina interna e suas torres. Para aumentar o poder defensivo desse cinturão já maciço, mestre Jacques concebera suas torres de tal forma que cada uma constituísse um todo capaz de ser definido independentemente do resto do cinturão. Cada torre possuía somente duas entradas: a primeira, embaixo, dava para o pátio interno; a segunda, no alto, só se comunicava com o caminho de ronda. No caso de invasão do pátio, as duas passagens poderiam ser bloqueadas por pesadas portas de madeira.

Cada torre possuía três salas superpostas, interligadas por uma escada em espiral construída na espessura da parede da torre. Essa escada ultrapassava o nível do caminho de ronda da torre e atingia o alto de outra torre de vigia.

A sala do andar térreo servia geralmente para estocar víveres que permitiriam à própria torre ser auto-suficiente em caso de cerco. As outras salas destinavam-se ao trabalho ou habitação. A própria pedra era o chão do andar térreo; o piso dos outros aposentos era feito de tábuas de madeira pregadas em grossas vigas de carvalho que iam de uma parede a outra da torre, na altura desejada. As vigas podiam ser presas na parede desde a fase de construção ou sustentadas por pedras salientes (modilhões).

A torre era coroada por um telhado coberto de folhas de chumbo ou de ardósia sobre uma armação cônica cujas vigas prendiam-se numa ranhura na beirada interna do caminho de ronda.

Uma vez protegida a construção contra a chuva, as salas da parte de baixo puderam ser terminadas. Eram aquecidas por lareiras que, assim como as chaminés que evacuavam a fumaça para o alto da torre, também tinham sido instaladas nas paredes durante a fase de construção.

Durante o dia, as janelas forneciam quase toda a iluminação; à noite, a vaga luz da boca da lareira era reforçada por lamparinas e velas de sebo que se colocavam geralmente nos consolos inseridos na parede, ao redor de toda a sala. As paredes eram cobertas com uma grossa camada de reboco e decoradas com pinturas, colgaduras de tecidos pintados ou com as duas coisas. Os pisos, inclusive o do térreo, cobertos com juncos e ervas aromáticas, eram varridos e trocados a cada mês.

Em outubro de 1285, a cortina externa, com exceção das portas, estava concluída e a maioria dos pedreiros dedicou-se à construção das últimas torres de canto internas.

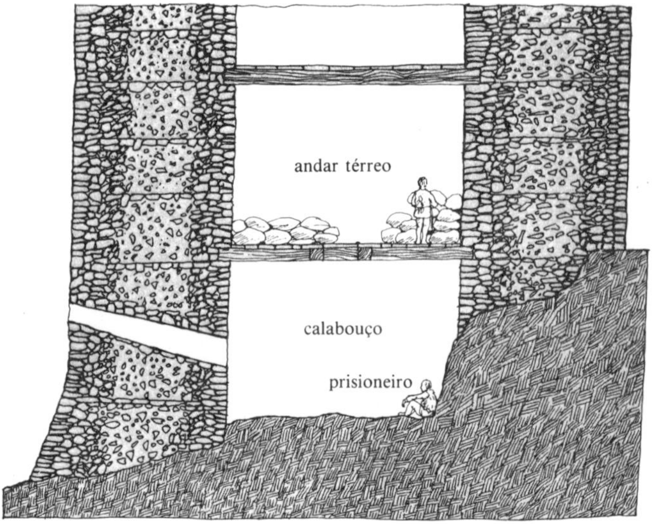

Numa das torres, construída num local onde o chão era ligeiramente mais baixo que o do pátio interno, escavou-se na pedra uma sala, sob o andar térreo, para servir de calabouço. Só se poderia chegar até lá por meio de um alçapão no piso do andar térreo. Esse calabouço era iluminado por uma única fenda na espessura da parede.

Uma única torre diferenciava-se totalmente das outras: a torre da capela. Ao invés de ter duas salas acima do térreo, possuía apenas uma, da altura de dois andares. A abside que abrigava o altar da capela encerrava-se no nicho de uma grande janela; as janelas foram enfeitadas com vitrais coloridos. Do outro lado da capela, no eixo da abside, um segundo nicho fora aberto na parede da torre, mas desta vez somente no nível do segundo andar. Dessa tribuna, lorde Kevin e sua família assistiriam às cerimônias, ao passo que o restante dos fiéis permaneceria em pé no chão da capela.

As numerosas latrinas do castelo situavam-se nas cortinas e eram servidas por estreitas passagens. A iluminação que recebiam provinha de uma pequena janela ou de uma seteira. O assento consistia simplesmente numa laje de pedra aberta com um buraco redondo. Na cortina externa, o assento ficava sobre dois mo-

dilhões e ultrapassava o aprumo da muralha. As privadas da cortina interna ficavam geralmente agrupadas sobre tubos verticais instalados no interior da muralha ou fixados nela. Esses tubos desembocavam ao pé da muralha, numa fossa que precisava ser esvaziada periodicamente.

Perfil de uma porta fortificada

As últimas construções importantes nas fortificações do castelo e da cidade foram as portas, planejadas e construídas com o maior cuidado, visto que eram as partes mais vulneráveis da muralha.

Entre as duas torres de cada porta, uma sucessão de arcos de pedra sustentava uma sala localizada sobre o caminho de entrada. Dessa sala podia-se baixar uma pesada grade de madeira para bloquear a passagem. A grade corria dentro das ranhuras abertas na parede e a extremidade de cada uma de suas vigas verticais era talhada em ponta e guarnecida de ferro. Grossas portas de madeira, também reforçadas com ferro, sucediam à grade. As folhas da porta podiam ser bloqueadas por uma pesada viga ou barra, que atravessava a muralha na altura do pavimento térreo e entrava num buraco da muralha oposta. As seteiras, construídas no andar térreo das torres, permitiam vigiar completamente a área de entrada.

Se os inimigos fossem bastante imprudentes para deixar-se prender na zona que separava as torres, receberiam uma saraivada de variados projéteis e flechas lançados pelas aberturas do teto que ficava sobre eles.

No final de 1286, a muralha da cidade estava quase terminada. Como a cidade se tornou mais segura, sua população aumentou. Além dos camponeses que cultivavam os campos circunjacentes, muitos comerciantes e artesãos, juntamente com suas famílias, instalaram-se em Aberwyvern. Eles comprimiram suas casas

para conservar o máximo possível de pastos e campos no interior das muralhas. Não havia calçadas e as fachadas alinhavam-se ao longo das ruas sem calçamento. As casas agruparam-se primeiro perto do poço, para depois estenderem-se ao longo de todas as ruas.

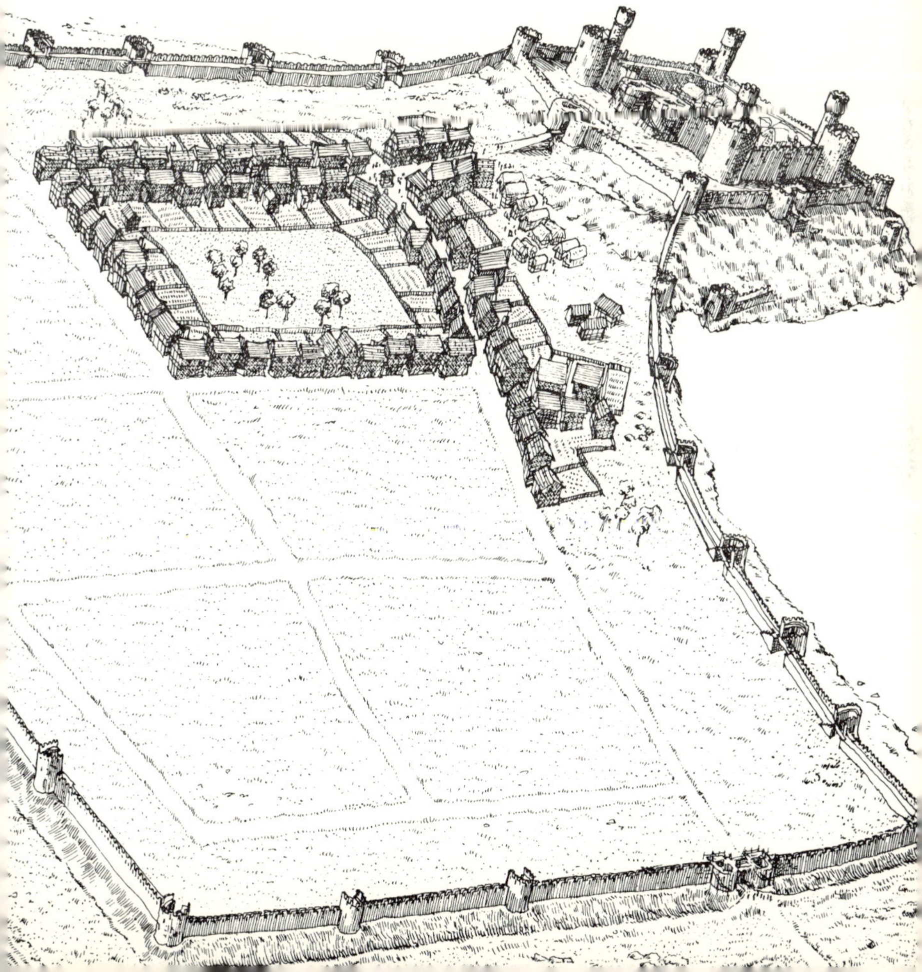

Todas as casas eram construídas com painéis de pau-a-pique, ou seja, com uma armação de vigas, geralmente de carvalho, cujos intervalos eram preenchidos com um entrançado de varas e juncos, além do barro que a tornava mais forte e vedava os buracos. Os telhados eram cobertos com ardósia ou tabuinhas. No térreo, assim como no piso superior, o chão era de terra batida, coberta com uma camada de junco. Uma única lareira fornecia o calor e também a luz, pois as janelas eram muito pequenas e geralmente guarnecidas de couro untado de cabra ou de carneiro.

A maioria dos comerciantes de Aberwyvern, como Thomas, o mestre sapateiro, ou Olivier, o mestre tecelão, fabricava e vendia suas mercadorias nas suas próprias casas. As oficinas e lojas eram instaladas no térreo, com frente para a rua. Durante o dia, os escuros de madeira abriam-se para o exterior: a folha inferior, quando abaixada, servia de balcão para expor a mercadoria, ao passo que a parte superior, ao ser levantada, servia de toldo. As lojas que vendiam produtos do campo, peixe ou vinho ficavam freqüentemente próximas às portas por onde essas mercadorias entravam na cidade.

Quando Aberwyvern passou a contar com várias centenas de habitantes, tornou-se oficialmente uma paróquia e recebeu um padre.

Pouco depois de sua chegada, o padre começou a dirigir a construção de uma igreja numa parcela doada por lorde Kevin. Era a única construção de pedra da cidade, a mais importante tanto para a arquitetura como para a vida social. Os cidadãos manifestaram sua gratidão pela igreja, oferecendo generosas contribuições ou trabalhando nela gratuitamente, sacrifício nada insignificante para pessoas que trabalhavam sete dias por semana.

Perfil da porta externa

No verão de 1287, terminou-se a construção das portas que levavam ao castelo. A porta interna possuía duas grades e duas portas de madeira com duas trancas. A porta externa foi também bem construída e era, ademais, equipada com uma ponte levadiça, ou seja, uma plataforma de madeira feita para bascular em torno de um eixo. Esse eixo inseria-se nos buracos da base das duas torres localizadas de cada lado da passagem; a ponte que nele se articulava tinha uma extremidade que levava ao pátio de serviço e outra que atravessava o fosso. A extremidade interna da ponte era lastrada com um contrapeso: retirando-se os calços, ela penetrava num fosso especial cavado na pedra, entre as torres. Ao mesmo tempo, a outra extremidade erguia-se e bloqueava a passagem sobre o fosso. Para colocá-lo de volta, era preciso abaixar novamente a ponte levadiça e calçar o contrapeso.

A ponte levadiça unia o castelo à extremidade de uma rampa de pedra que se elevava a 7,50 m. Para entrar no castelo era preciso servir-se dessa rampa, expondo-se, assim, aos tiros dos soldados dispostos sobre as muralhas.

A poterna, que também tinha uma ponte levadiça, foi concluída na mesma data.

Uma vez terminadas as portas, iniciaram-se as construções no pátio interno, que, então, encontrava-se protegido. O alojamento que abrigava a guarnição foi a primeira das construções provisórias a ser substituída.

O novo edifício, construído com taipa, tinha um andar além do térreo e seu telhado era coberto de ardósia. Esse piso superior servia de dormitório para os soldados, enquanto o pavimento térreo dividia-se entre estrebarias e armazéns. Um deles guardava grande parte do armamento procedente da Inglaterra. O ferreiro tinha sua oficina ao lado da caserna e encarregava-se de todos os consertos de que as armas pudessem precisar.

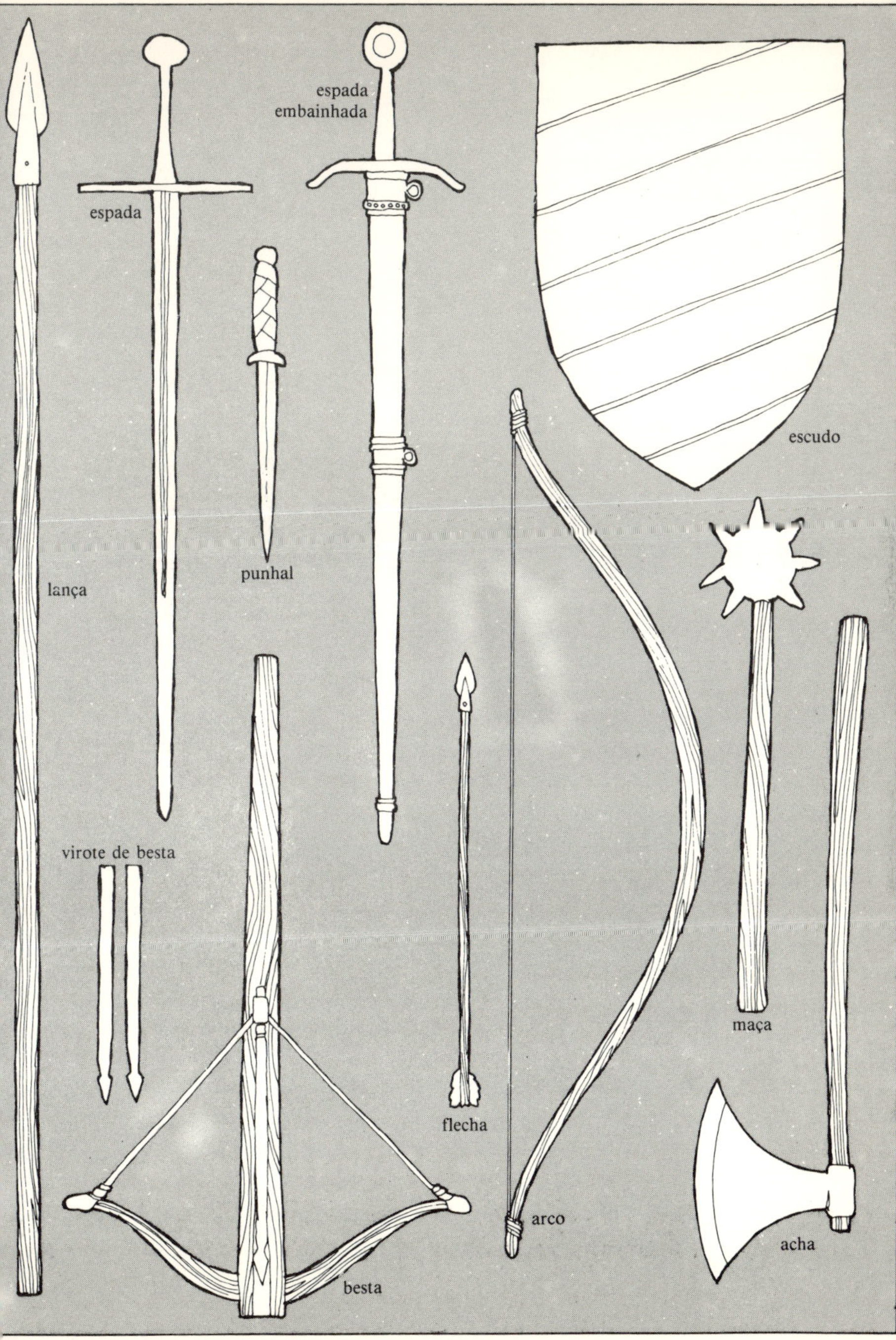
espada
espada
embainhada
escudo
punhal
lança
virote de besta
flecha
maça
arco
acha
besta

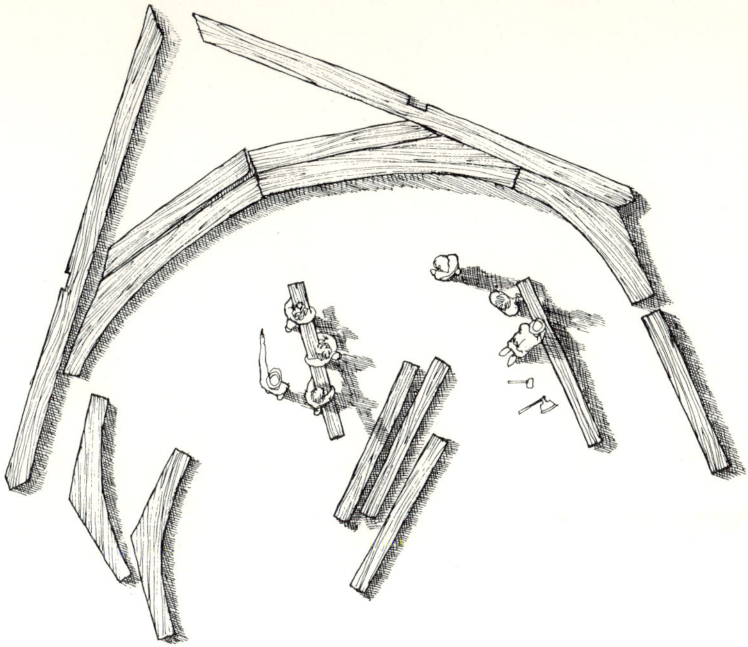

O mais importante dentre os novos edifícios do pátio seria o salão, que serviria de refeitório e lugar de reunião para toda a população do castelo. Teria 10,50 m de largura por mais de 30 m de comprimento.

Mestre Jacques mandou construir o salão num canto do pátio interno, de tal forma que só se precisassem construir duas paredes. Ambas foram feitas com pedras e ameadas. Na mais comprida, paralela à cortina de trás, foram abertas três grandes janelas e uma porta. Na nova parede que perfazia o menor lado do salão construiu se uma grande lareira e abriu-se uma passagem que levava à cozinha. Duas outras lareiras já tinham sido construídas na cortina. Os pedreiros colocaram uma fileira de consolos na cortina de trás, a pouco mais de 2,50 m do chão, e o mesmo foi feito ao longo da parede oposta. Assim que as paredes foram terminadas, os carpinteiros começaram a fazer o telhado, que se apoiaria sobre uma série de armações de madeira chamadas tesouras, que atravessariam toda a largura do salão. Para maior segurança, cada tesoura era sustentada por baixo por um arco e terminava, no alto, em ponta.

Primeiro, colocou-se sobre cada consolo uma pilastra de madeira fixada contra a parede. Em seguida, as partes de cada tesoura que tinham sido cuidadosamente talhadas foram atadas e erguidas até seus lugares, apoiando-se cada uma de suas extremidades nas pilastras opostas. As partes superiores da tesoura foram unidas umas às outras com tábuas e folhas de chumbo. Assim que o teto estivesse bem vedado, as paredes internas seriam rebocadas e pintadas e as janelas receberiam vidraças.

No outro canto posterior do pátio interno, ficava a cozinha. Nela havia fornos para assar o pão, lareiras especiais para assar e defumar a carne e uma grande adega para guardar o vinho e os barris de cerveja. Uma grande pia de pedra fora construída na cortina de trás. A água chegava diretamente até ela, de um reservatório colocado no alto da torre de canto. O teto apoiava-se nas vigas incrustadas na cortina.

Em volta de todo o pátio, novas construções de pau-a-pique finalmente substituíram os últimos alojamentos e oficinas que datavam de quase quatro anos. Havia agora mais espaço para lorde Kevin, lady Catherine e seus criados, além de quartos para os convidados e para a comitiva do senhor, dentre os quais, o bailio Walter, o capelão Robert e Lionel, o médico-barbeiro.

Os pequenos cômodos do térreo eram destinados aos criados, aos operários e ao estoque de provisões. Mestre Jean, o cozinheiro do castelo, vivia com sua família e seus dois ajudantes num pequeno aposento perto da cozinha. Um outro canto do pátio abrigava o canil e a gaiola dos falcões com os quais lorde Kevin caçava. Gatos e cachorros circulavam livremente pelo castelo: esperava-se evitar assim a proliferação dos ratos. Só uma pequena parte do pátio era cercada, pois nela lady Catherine queria plantar flores e grama importada da Inglaterra.

Quando, em outubro de 1288, as muralhas e as torres do castelo foram concluídas, toda a construção foi caiada. Parecia ter sido esculpida num único e colossal bloco de pedra. A grande impressão de poder que dela emanava reforçou-se ainda mais.

Na primavera seguinte somente um reduzido número de operários retornou a Aberwyvern.

Não havia quase mais nada a ser feito e os artesãos que se tinham estabelecido na cidade podiam encarregar-se da manutenção diária do castelo e da muralha da cidade. Lady Catherine considerou então o castelo habitável e, no dia 29 de abril, veio, juntamente com damas de honra, crianças e criados, juntar-se a lorde Kevin na sua residência galesa.

Dois anos depois, para favorecer outras instalações, lorde Kevin outorgou uma carta a Aberwyvern. Ela isentava os atuais e futuros habitantes de certos impostos a que Kevin podia renunciar, já que o castelo estava concluído. Dava-lhes também o direito de terem um prefeito e um conselho municipal, um tribunal para os delitos menores e uma feira semanal.

Em 1294, o castelo de Kevin reinava sobre uma aldeia próspera mas ainda não superpovoada. Em dezembro do mesmo ano, o rei Eduardo, que se dirigia para um de seus castelos, lá se deteve. No dia de sua chegada, comerciantes e trabalhadores pararam suas atividades e toda a população se pôs às margens do rio para ver as embarcações do rei.

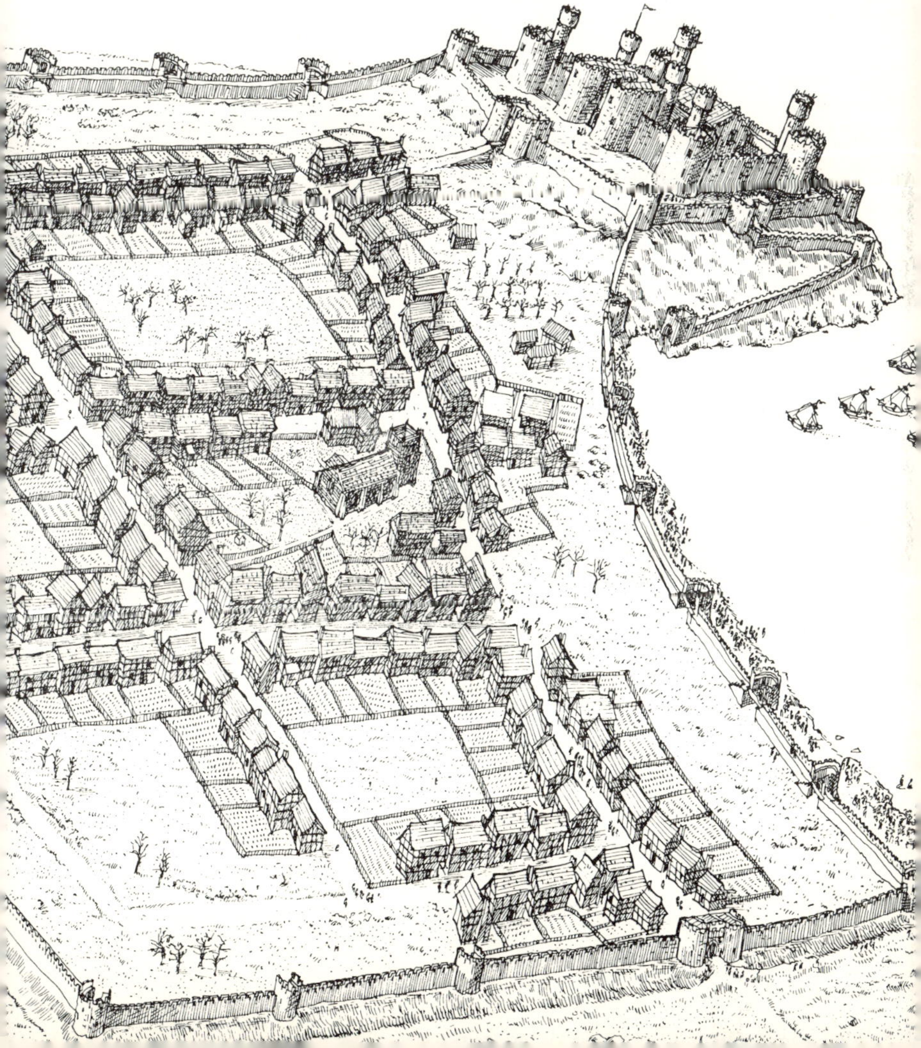

Naquela noite, ofereceu-se um jantar no castelo; o prefeito, o conselheiro municipal e vários grandes comerciantes foram convidados. Bandeiras multicoloridas pendiam das paredes do salão e o chão foi coberto com uma camada de junco novo. O rei e seus ministros, juntamente com lorde Kevin e lady Catherine, sentaram-se ao redor de uma longa mesa colocada sobre um tablado erguido no fundo do salão. Os outros convidados sentaram-se em mesas dispostas ao longo das paredes. A cozinha de mestre Jean oferecia comida e bebida em profusão, enquanto músicos, acrobatas e malabaristas se exibiam. Os divertimentos continuaram até a madrugada, bem depois de o rei ter-se retirado.

Mas Eduardo não tinha ido ao País de Gales para tais mundanidades. Queria esmagar a revolta de vários príncipes galeses. Antes de deixar Aberwyvern, o rei informou lorde Kevin sobre a situação e recomendou-lhe que tomasse suas precauções. Mestre Jacques tornara a cidade quase inexpugnável, mas todos os esforços foram consagrados aos preparativos de defesa contra um eventual assédio. Durante os poucos meses que se seguiram, grandes reservas suplementares de trigo e alimentos foram estocadas em todos os lugares possíveis da cidade, do castelo e até mesmo da igreja. Fabricaram-se flechas, reservaram-se pedras para se lançar do alto dos muros e, a título de precaução adicional, bailéus foram instalados no alto das muralhas e torres.

A partir de 11 de abril de 1295, as fortificações de mestre Jacques e os preparativos de todos os cidadãos foram postos à prova. Sob as ordens do príncipe Daffyd de Gwynedd, centenas de soldados galeses cercaram a cidade e numerosas embarcações ancoraram perto do castelo para impedir o reabastecimento ou a fuga por via marítima. No final de junho os celeiros e várias herdades foram destruídos, mas a provisão da cidade continuava suficiente.

O príncipe, que recebera a notícia de que um exército inglês descia do norte como parte de uma ofensiva geral para esmagar os rebeldes, ordenou o ataque. Reuniu-se um grande número de catapultas que foram apontadas contra a cidade e o castelo.

Essas pesadas máquinas de madeira tinham um braço que podia ser puxado para trás e esticado fortemente; quando solto, levantava-se com violência, arremessando toda espécie de projéteis nas muralhas ou por cima delas.

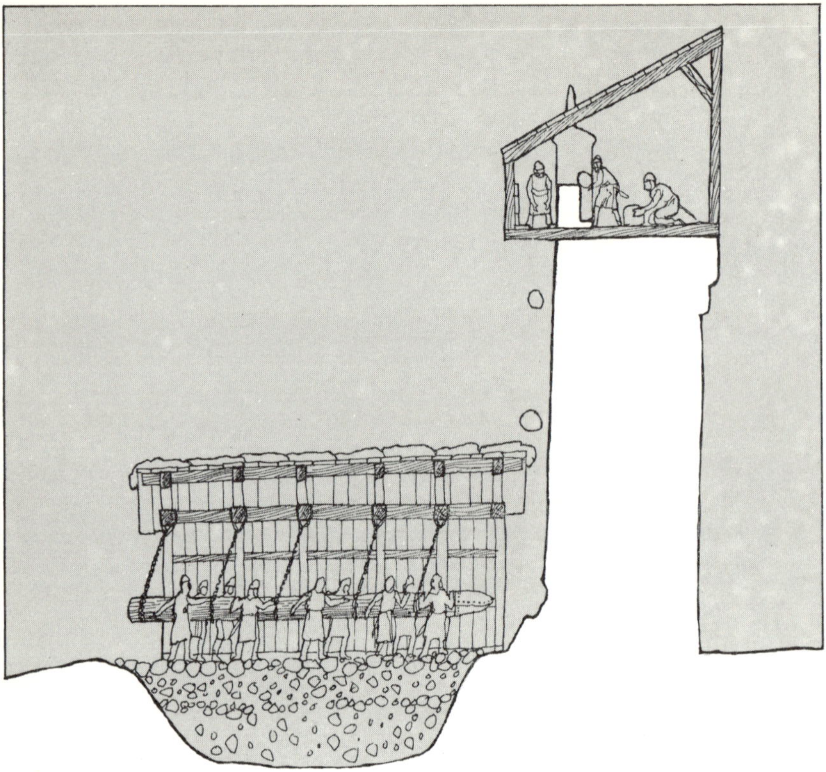

O príncipe Daffyd reforçou esse bombardeio com ataques diretos contra as muralhas. Os soldados galeses, aproveitando-se da escuridão, cobriram várias partes da vala com terra, pedras e troncos. Em seguida, para diminuir o risco de incêndio provocado por lanças embebidas em substância inflamável, colocou-se ao pé da muralha um abrigo pré-fabricado coberto com peles de animais e terra. Sob esse abrigo, para servir de aríete, um tronco de árvore grande e pontiagudo foi erguido por meio de correntes presas nas vigas de sua cobertura. Sua ponta dirigia-se contra a muralha e o aparelho era posto em ação pelos soldados através de um movimento de vaivém.

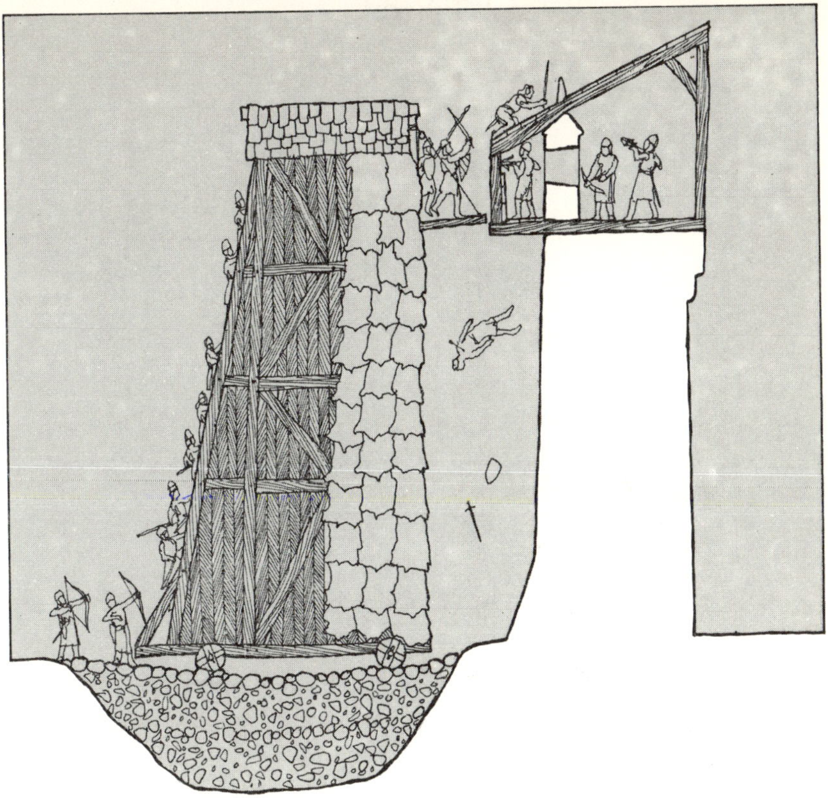

Enquanto isso, um outro grupo de soldados empurrara sobre a vala uma alta construção de madeira sobre rodas, chamada torre de assalto, posicionada contra os bailéus. Em seguida, os soldados galgaram a plataforma superior da torre, de onde baixaram uma pequena ponte levadiça e tentaram transpor a muralha. Após duas horas de violento combate corpo a corpo, os galeses tiveram que retirar sua torre, a que os defensores tinham conseguido pôr fogo.

Durante quase uma semana, as muralhas foram submetidas a incessantes ataques.

No decorrer desse tempo, um grupo de sapadores trabalhara sem descanso. Sua missão era cavar um túnel ou mina sob a muralha. Essa galeria era reforçada por um escoramento de madeira. Quando a escavação tivesse avançado o suficiente, o escoramento seria incendiado, provocando-se o desabamento da muralha. Os sapadores revezavam-se no trabalho, sob a proteção de um abrigo de madeira que fora empurrado contra a muralha. Recebiam a cobertura dos arqueiros posicionados atrás de manteletes móveis de madeira e que atiravam contra os bailéus. Quando o príncipe Daffyd recebeu a notícia de que os ingleses encontravam-se há apenas poucos dias de marcha, mandou incendiar a mina. Ela havia sido enchida com lenha seca e palha, além de porcos mortos, cuja banha alimentaria o fogo. Um incêndio violento alastrou-se durante horas, enquanto os defensores jogavam água desesperadamente sobre o fogo. No final, ficou evidente para os dois exércitos que a muralha era forte demais para desabar. Temendo não somente uma derrota, mas também um aniquilamento, o príncipe ordenou a retirada.

As fortificações de mestre Jacques tinham cumprido bem o seu papel, mas o rei Eduardo compreendera imediatamente que o povo galês jamais seria conquistado por soldados ou castelos, independentemente de seu número. Seria preciso encorajá-los a abandonar o combate por iniciativa própria.

Nos meses que se seguiram à revolta, muitas famílias galesas dos arredores, cansadas do massacre e desejosas de partilhar das evidentes vantagens de Aberwyvern, foram encorajadas a instalar-se ao longo das estradas que levavam a seus portões. Nos dias de mercado ou feira, permitia-se a sua entrada para que vendes-

sem seus produtos e comprassem os da cidade. Com o tempo, essa população cresceu e vários tipos de construções estenderam-se para além das muralhas. No final, uma rede completa de ruas e ruelas cercou as muralhas e Aberwyvern tornou-se uma cidade no interior de outra cidade. A "conquista" do País de Gales só terminou quando galeses e ingleses puderam entrar livremente em cidades como Aberwyvern, para nelas construir as suas casas, lado a lado, respeitando cada uma as suas tradições. Portanto, a vitória do rei Eduardo só pôde ser total pelo menos dois séculos após sua morte.

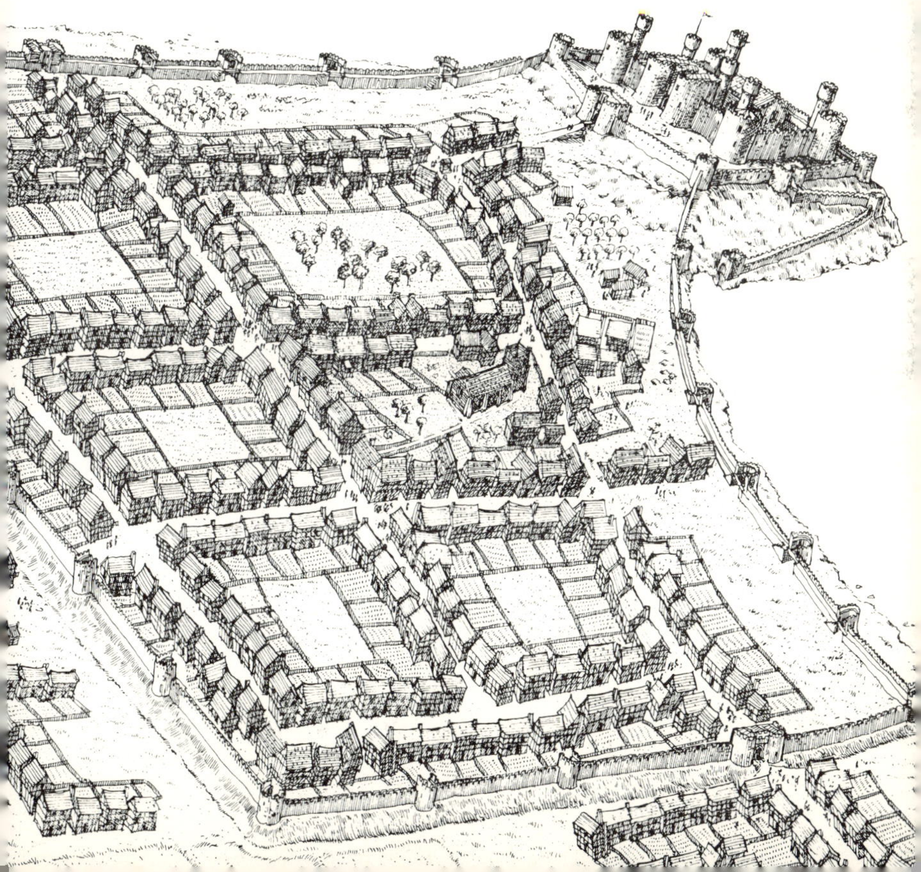

Nessa época, o poderoso castelo de mestre Jacques estava abandonado, passando a servir unicamente de pedreira aos novos construtores e a impressionante muralha da cidade tornara-se mais incômoda do que útil.

Glossário

AGULHA: fina pedra vertical que decorava os merlões do castelo.

AGULHEIROS: buracos deixados propositalmente numa muralha para neles encaixar-se uma viga horizontalmente.

ALAMBOR: face inclinada da base do paramento externo das muralhas e torres.

AMEIA: parte baixa do denteado do parapeito.

ANDAIME: suporte provisório de madeira apoiado na muralha para suportar o peso dos trabalhadores e do material.

ARGAMASSA: mistura de cal, areia e água, usada no assentamento das pedras.

ASSÉDIO (CERCO): tática militar em que um exército cercava e isolava um castelo, uma cidade ou um outro exército até que a fome os forçasse à rendição.

BAILÉUS: balcões provisórios de madeira, colocados no alto das muralhas e das torres, antes de uma batalha. Eram usados para o lançamento preciso de projéteis e flechas na direção da base das muralhas.

CALABOUÇO: prisão subterrânea situada geralmente sob uma torre (masmorra).

CAMINHO DE RONDA: espaço no alto de uma muralha, de onde os soldados podiam defender o castelo e a cidade.

CONSOLO (MODILHÃO): pedra deixada saliente numa parede.

CORTINA EXTERNA: muralha que cerca o pátio de serviço.

CORTINA INTERNA: alta muralha que circunda o pátio interno.

FOSSA: cavidade dentro de uma muralha para o recolhimento de dejetos de uma ou várias latrinas.

FOSSO: profunda escavação ao redor do castelo que, além de impedir o acesso do inimigo, podia também conter água.

FUNDAÇÃO (ALICERCE): construção subterrânea que sustenta uma parede quando esta não se apóia diretamente sobre uma base firme.

GRADE: pesada grelha de madeira que, colocada entre as torres da porta, bloqueava ou permitia a entrada. Ela podia ser abaixada ou levantada.

MERLÃO: parte alta do denteado do parapeito.

PALIÇADA: sólido tapume de madeira feito para cercar um local até a construção de uma muralha de pedra definitiva.

PARAPEITO: estreiro muro construído no lado externo do caminho de ronda para proteger os soldados.

PÁTIO DE SERVIÇO: espaço entre o castelo e a muralha do cinturão externo.

PÁTIO INTERNO: espaço aberto no centro do castelo.

PAU-A-PIQUE: paredes feitas com uma armação de madeira vedada com varas e barro.

PONTE LEVADIÇA: pesada plataforma de madeira que atravessava o fosso, unindo o exterior a uma porta de entrada; quando erguida, bloqueava a passagem.

PORTA FORTIFICADA: conjunto de torres, pontes e barreiras que protegia a entrada do castelo ou da cidade.

POTERNA: porta lateral ou secundária do castelo.

SALÃO: grande sala do pátio interno onde os habitantes do castelo se reuniam e comiam.

SETEIRA: estreita fenda vertical numa muralha, que permitia ao arqueiro atirar de seu interior.

TESOURA: armação de madeira que sustentava a cobertura.

TORRE DE VIGIA: torrinha que encimava uma das torres principais (guarita).